거품에 대한 명상

김용태 시집

책만드는집
시인선 016

거품에 대한 명상

책만드는집

| 시인의 말 |

 첫 시조집을 낸 지 30년이 가까워온다. 게으른 탓도 있겠지만, 그동안 내 둔한 필력과 씨름하면서 미룰 대로 미루다가 이제야 용기를 냈다.
 그동안 틈틈이 써둔 것을 주섬주섬 모아 한 권으로 묶어보니, 시작詩作에서 부지불식중 내가 관심을 두고 있었던 것이 무엇인지 이제 비로소 조금 알 듯하다.
 시적 정서를 다루는 태도를 보면, 아무래도 난 주정적主情的이라기보다 주지적主知的이다. 그런 접근 방식이 내 몸에 맞나 보다. 문명 비판적인 색깔도 그런 태도의 한 양상이다.
 주제 면에서는, 개인적 서정시가 없는 건 아니지만, 다른 사람과는 달리 존재나 생명, 자유 등 관념적 내지 형이상학적인 것이 다소 포함돼, 감각이나 감성에 호소하는 서정시, 신변 문제나 일상사의 애환 등 생활시에 익숙한 독자들에게는 좀 낯설게 느껴질 수도 있겠다.
 나의 내면의식 깊숙이 존재 차원에 대한 갈망이 평생의 화두처럼 깊게 뿌리박고 있음을 어찌하겠는가. 선불교적 사유방식에 많은 매력을 느끼고 있는 것도 사실이다.

'시는 언어의 도량道場'이라 하지 않던가. 언어를 갈고닦아야만 좋은 시를 쓸 수 있겠지만, 말과 글을 버리는 곳이 절(도량)이듯, 궁극적으론 그 언어를 넘어서야 좋은 시가 되지 않겠는가.

이런 나의 생각이나 특성들이 남과 다른 시세계를 보여주는 한 증표는 될 수 있을 것으로 본다. 그러나 그것이 곧 작품의 질을 보장해준다고는 생각지 않는다. 이 점은 순전히 독자들의 판단의 몫이다. 눈 밝은 이들의 아낌없는 지도와 질책을 바랄 뿐이다.

끝으로, 20대 청년기부터 시조 불모지, 부산 땅에서 '볍씨'를 함께 뿌려 가꾸며 동고동락해오던 30년 이상의 지우, 전일희 현 부산시조시인협회장님께서 기꺼이 졸작을 끝까지 읽어주시고, 작품 평설까지 써주신 데 대하여 이 자리를 빌어 깊은 감사와 함께 경의를 표한다.

―2012년 봄에

김용태

| 차례 |

4 · 시인의 말

12 · 구월산 진달래
13 · 나목처럼
14 · 낙엽후기
15 · 남해 소요
16 · 남해 진달래꽃
17 · 눈 속에 핀 꽃
18 · 단풍기
20 · 느닷없는 눈물
21 · 때늦은 폭설
22 · 목련 벙그는 아침
23 · 목련 피는 날
24 · 바람의 손
25 · 백목련 감상법
26 · 버들개지 눈뜨다
27 · 벚꽃 인상
28 · 봄 또는 물음표
30 · 봄 신명
32 · 봄이 오면
33 · 사월의 산성 길
34 · 산을 오르는 이유
35 · 세상사 허허로운 날
36 · 소나기
37 · 아침 바다에서
38 · 어떤 착각
39 · 여름 풀벌레
40 · 울 너머 개나리꽃
42 · 웃음의 행방

43 · 원동 매화밭을 지나며
44 · 이 봄 물소리는
45 · 참새와 교실
46 · 허영의 봄
47 · 황사 유감
48 · 흰 목련 벙그는 날

2부

50 · 귀뚜라미
51 · 꿈꾸는 바다
52 · 낙하
53 · 마음에 한 점
54 · 배치
56 · 어떤 풍경
58 · 쇠북 또는 방생
59 · 촬영 1
60 · 촬영 2
61 · 촬영 3―설야에
62 · 촬영 4
63 · 촬영 5
64 · 촬영 6
65 · 촬영 7
66 · 촬영 8

3부

- 70 · 거품 1
- 71 · 거품 2
- 72 · 거품 3―어느 공장 하수구에서
- 73 · 거품 4
- 74 · 거품 5
- 76 · 거품 6
- 77 · 거품 7
- 78 · 거품 8
- 79 · 거품 9
- 80 · 거품 10
- 81 · 거품 11
- 82 · 거품 12
- 83 · 거품 13
- 84 · 거품 14
- 85 · 거품 15
- 86 · 거품 16
- 87 · 거품 17
- 88 · 거품 18
- 89 · 거품 19
- 90 · 거품 20
- 92 · 거품 21
- 93 · 거품 22
- 94 · 거품 23
- 95 · 거품 24
- 96 · 거품 25
- 97 · 거품 26
- 98 · 거품 27
- 99 · 거품 28

100 · 거품 29
101 · 거품 30

4부

104 · 그것, 너와 나, 그리고 죽음
106 · 고요 낚시
107 · 나의 기도는
108 · 득음
110 · 마음 흔들릴 때
112 · 못질 이후
113 · 문고리를 잡으려면
114 · 바이러스와의 동침
115 · 빙하기의 돌
116 · 봄 난청
118 · 소금 공양
120 · 우주의 나이
121 · 윤회의 굴레
122 · 일탈
123 · 입정
124 · 직지법문
125 · 청동거울 앞에서
126 · 한 생각 멈춘 자리
127 · 휴지를 던지며

5부

130 · 1992년 겨울 처방전
132 · 겨울나기
134 · 그 누가 부끄럼도 없이
136 · 낙동강 하구에서
137 · 백성의 밤 1
138 · 백성의 밤 2
139 · '진정 대자유'란
140 · 심장 하나로―어느 목사의 죽음에 부쳐
142 · 이름 없는 자여
144 · 풀의 항변
146 · 혁명의 밤
148 · 흰옷이 일어서려면

150 · 평설 _ 전일희

1부

구월산 진달래

봄일까 겨울일까 갸웃하는 머릿속에
겨우내 숨겨놓은 도화선導火線을 끌어와서
하나씩 불을 붙이며, 이게 바로 '혼 불'이란다.

가만 보면 한 잎, 한 잎, 터지는 사랑 같고
고이는 맑은 빛깔 내공內空은 얼음 같다
모순의 정점頂點, 꽃대 위엔 봄 하늘만 멀겋다.

나목裸木처럼

세상사 얼기설기 실타래처럼 안 풀릴 땐
잎 지우고 빈손으로 나목처럼 설 일이다
찬 이마 더운 가슴의 나목처럼 말이다.

가진 것 다 잃고, 친구마저 스스러울 때
대지에 뿌리를 박고, 찬 하늘을 받들 일이다
눈 감고 침묵에 잠긴 나목처럼 설 일이다.

다시 또 구름 덮고, 눈보라가 휘감길 땐
새벽 여는 쇠북처럼 온몸으로 울 일이다
그 오랜 단련鍛鍊을 이겨 슬픔마저 정淨히 씻고.

낙엽후기 落葉後記

여기는 장부丈夫의 땅 절망은 아직 일러
무쇠도 다 녹이던 혓바닥은 무디어도
때 절은 누더길 벗어 눈빛 도로 드맑다.

한때는 초록 물이 뚝뚝 듣던 기슭마다
손채양 아득히 타오르는 잎의 만가輓歌
한 소절小節 귀에 들리네, 강줄기도 열리네.

남해 소요消遙

하늘도 하 심심하면
구름 둥둥 띄워 놀듯

오늘은 저 바다 위에
몇 점 섬을 띄워놓고

물결만 당겼다 놓았다 하며
소요消遙하고 있구나.

산비탈 오르내리는
주름 같은 논다랑이

그런 물결 한가운데
죽방렴竹方廉을 펼쳐놓은

수국水國의 어부의 꿈도
밀고 썰고 있구나.

남해 진달래꽃

순결純潔의 물이 드는
저건 그냥 꽃 아니다

풍요豊饒가 가난을 낳는
모순矛盾의 풍토 위에

가난이 풍요가 됨을
온몸으로 보인 거다.

이곳까지 흘러와서
내가 본 진달래는

남해 물빛 홍건히 젖은
분홍빛 꽃잎 위에

참으로 풍요로운 것
청빈淸貧으로 보인 거다.

눈 속에 핀 꽃

계절의 수레바퀸
봄 문턱에 눈을 뿌렸다

서걱서걱 으깨어지면
퍼런 멍이 번지는 산야山野

점점이 뽀루지들만
홍반紅斑인 양 얼비친다.

눈웃음 참 반갑네만
간들거리는 저 몸짓

그래도 기특도 한
네 자랑 지킨 약속에

내 또한 가슴 보듬고
종일 볕을 바라본다.

단풍기 丹楓記

1. 본시 여긴 지절志節의 땅
   마음의 푸른 텃밭

   묵정밭에 씨 뿌리면
   꿈은 먼저 설레고

   천만년 꽃 필 나무의
   웅자雄姿다운 잎이 핀다.

2. 뿌리 깊이 묻은 뜻은
   잎잎이 형형炯炯한 빛

   역사도 굽이치면
   옹이 져서 맺히지만

   사가史家는 날랜 붓으로
   푸른 날을 예언했다.

3. 모반謀反의 기치旗幟는
   밖으로부터였다

   어느 날 칼을 세운
   바람과 모의하며

   태양은 불 지짐만으로
   한 왕조王朝를 불살랐다.

4. 전의戰意를 잃지 말라
   눈매 푸른 지사志士의 함성

   그들의 손등 위로
   핏금이 번져나고

   순절殉節의 깃발들 위로
   저녁놀이 한창 붉다.

느닷없는 눈물

봄물 오르는 가지
목련 등불 켜지는 날

수액樹液같이 투명透明한 눈물
왈칵 눈을 적신다

아뿔싸, 이 눈물 본디
내 것이 아니었지…….

때늦은 폭설暴雪

경칩驚蟄 지나 웬 폭설?
흰 꽃잎만 장엄莊嚴하다

세상의 모든 소리가
군무群舞 속에 사라지고

장자莊子의
흰나비 춤만
이승 저승 넘나든다.

목련 벙그는 아침

이 아침 영창映窓 너머
흰 건반이 스쳐 간다

얼핏 고개 들어
바라본 봄 뜰에는

시리게 흰 깃발을 단
나무들이 빛났다.

지난밤 나의 꿈은
너무 호사스러웠다

내욕內慾을 비워낸
빈손의 가지 끝에

순백純白의 목금 소리만
꿈결마냥 울린다.

목련 피는 날

내 그대 꽃 속에서
부챗살로 퍼질란다

이 좋은 아침 볕에
향기 취해 익을란다

잎잎이 물빛 스미면
이슬 되어 구를란다.

사랑의 수레바퀴에
깃을 치고 살란다

바람처럼 얽혔다가
여운처럼 풀렸다가

마침내 낮달처럼 지는
저 무상無常을 견딜란다.

바람의 손

발효醱酵가 잘되었을까
바람이 먼저 깬다

혹은 연두, 혹은 초록
한두 가지 물감만으로

온 세상 들었다 놓을
그런 그림 그리고 있다.

어루만지듯, 어루만지듯
그대 손은 춤사위다

휘두르는 붓놀림 따라
새 지도가 펼쳐지는데

누구요, 새 필법筆法으로
붉은 물을 찍는 이가.

백목련 감상법

흰 목련 피는 날은 '가만 웃을 뿐'이다
흙, 물, 불, 바람들의 저리 맑은 진화進化 앞에
이대로 원만圓滿 성취成就를 누리면 되는 것을.

흰 목련 뚝 뚝 지면, '그냥 보면 될 터'이다
오직 빈손으로 훌훌 털고 떠나는 것을
다만 '척', 읽으면 되지, 무슨 말이 필요하겠나.

버들개지 눈뜨다

꽃샘추위 머물다 간 양지바른 개울가에
애들아, 이리 와봐 버들개지 눈을 떴네
보송송 털북숭이네, 눈 뜨는 강아지 같네.

푸르른 어린 줄기, 물이 오른 가지 끝에
햇살의 새해 문안 목덜미가 간지러운지
고개만 자꾸 갸우뚱 눈 감는 강아지 같네.

벚꽃 인상印象

경악驚愕 속에 너는 온다, 짓궂은 악동같이
봄 세상 마구 흔들어 풍경을 바꿔놓곤
저 혼자 내숭을 떨며 짐짓 웃고 서 있다.

네 웃음 눈으로 받아 온몸을 흔들어보면
겨우내 얼붙은 핏줄 부르르 떨리면서
수채화 물감 풀리듯 웃음 자꾸 번진다.

봄 또는 물음표

해마다 봄이 되면
새싹처럼 돋아나는,

그래서 풀고 싶은,
그런 의문 하나 있다

얼붙은 마른땅 위로
솟아나는 물음표 있다.

계곡물 채 풀리기 전
하마 너는 와 있는가?

도대체 넌 없지 않고
어찌하여 예 있는가?

빛으로, 밝은 빛으로
사랑처럼 예 있는가?

무욕의 빈 나무 등걸
부르터 마른 가지 끝

새소리만 넘쳐나는
텅 빈 하늘 어디쯤서

연둣빛 뾰루지같이
돋아나는 물음표 있다.

봄 신명

겨우내 갈무리했던
무욕無慾의 씨앗 있어

움이 트면 너와 나
빈자貧者처럼 착한 마음

호사豪奢로
등불을 빚어
가지 끝에 걸어본다.

그 누가 이 산 저 산
하마 술을 뿌리는 걸까

연분홍 진달래꽃
취한 듯 흐드러지고

풍류風流를
잡힐 놀이마당
벌써 들썩하구나.

봄이 오면

봄이 오면 새들에게 여린 가지를 내드리지요
흙에서 갓 길어 올린 물, 봄 햇살에 퍼다 드리고
몹시도 아린 꽃눈일랑 찬바람에 내맡기지요.

그러나 난 조금도 잃을 게 없다구요
온종일 햇살은 재잘거리며 놀아주고
바람의 지휘에 맞춰 새는 노랠 부를 테니까요.

사월의 산성山城 길

사월의 산성 길은 설레는 축제의 길
솔잎 향기 짙어오면 하늘은 더 푸르르고
굽이쳐 오르는 길은 새소리도 정겨웁다.

저만치 뵈는 축성築成, 동문은 수성守城 중
기왓골 타고 내리던 역사의 함성 소리가
진달래 붉은 잎 잎에 점점點點이 녹아 있다.

남문 지나 산성마을, 집집이 대궐 같다
화사한 벚꽃터널 꽃잎들을 밟고 가면
나는야 백마를 타고 입성入城하는 개선장군.

서문을 지나고 나면, 대천천大川川 애기소
맑은 물 꽃잎 뜨면 도원경桃源境이 따로 없네
사람아, 잠시 발길 멈추고 흐린 눈을 씻어보세.

산을 오르는 이유

한 굽이 돌아들고
또 한 굽이 감아 돌고

마침내 정상인데, 어!
산은 없고, 침묵만 있네

끝까지 뫼 '山' 자를 거부한
그 배포 참 우람해.

한 오름, 한 발자국
숨이 차는 가슴속을

문득 한 생각 끝에
사라지는 구름 조각

광막한 저 우주를 봐!
나도 한 점 티끌일세그려.

세상사 허허로운 날

하늘이 그리워지면 팔맷돌을 주워 든다
텅 비어 그냥 푸른 강, 속내까지 가늠하며
평생에 익힌 업業인 양 돌팔매를 날려본다.

세상사 허허롭다 절룩이며 걷는 걸음
기운 태양 매달려 절로 휘는 저 가지 너머
먼 산은 한쪽 어깨부터 무너지고 있구나.

어디선가 떨어져 발끝에 채는 낙과落果
두 손으로 받아 들면 하늘빛은 더 그리워
무거운 쇠북 소리만 길을 열며 가는구나.

소나기

허공을 휘이익 가르며
번갯불이 스쳐 간 후

하늘이 빗장을 열고
주장자를 내려치더니

한여름 자연 법석法席에
물 법문法門을 쏟아부었다.

아침 바다에서

누가 이 세상을 뇌옥牢獄이라 이름 했나
캄캄한 벽 허물고 바다가 열리는 날은
만 주름 푸른 수의囚衣도 황금 물이 드는 것을…….

'좋다, 얼쑤!' 흰 옷자락 구름마냥 휘감기는
비 갠 아침 바다 태양 맞아 뜨거워오면
머리채 넘실거리는 그런 춤판 보는 것을…….

설사 우리들 한恨 가슴속을 짓눌러와도
한 가락 젓대 하나로 만파萬波를 잠재우듯
신명의 바람몰이로 휘가르는 어선 한 척…….

어떤 착각錯覺

'올라갔다 내려올 걸
뭣 땜에 오르냐'며

산행山行 대신 자리 깔고
고스톱 판 벌이자는 사람

화투판 마흔여덟 장
자연 아닌 게 없다나?

오르면 내려와야지
원점 회귀는 무의미한 일?

선과 색의 그림 세계
자연계의 축도縮圖라니……

기호가 실물을 대신하는
그 둔갑 참 무섭네.

여름 풀벌레

들는가, 뜰에 가득
풀벌레가 울고 있다

너희가 이르잖아도
아는 이는 다 아느니라

구태여 사랑한다고
밤새 고백하려느냐.

울 너머 개나리꽃

추운 겨울 어느 골방
어두운 눈 밝혀주며

바느질 한 땀 한 땀
아낙의 꿈 엮어주던

호롱불 노란 불꽃이
온 세상을 밝혔구나.

본디 네 성품은
여리디여리지만

척박한 땅 어드메든
발을 뻗어 꽃 피우다가

때로는 담을 넘으며
긴 연대連帶를 꿈꾼다.

작은 꽃 주머니로
꾸는 꿈은 부푸높다

조선朝鮮의 마당들을
울을 엮어 보듬으며

햇불로 활 활 타오를
그런 날을 기다린다.

웃음의 행방行方

마당귀에 흘린 한 어린이
그 쾌청快晴의 웃음을 찾아

겨울잠 뿌리 속까지
자맥질하던 내 기억 하나

이 아침 물소릴 듣고
개나리로 깨어났구나.

원동 매화밭을 지나며

낙동강 물길 따라 차도가 펼쳐 있다
원동마을 가까울 때쯤 산허리 감아 돌면
볼 시린 바람과 함께 흰 꽃들이 점멸點滅한다.

매화 필 무렵이면 선비 눈은 더 푸르렀지만
세월의 무게만큼 힘겨운 저 나무들도
이제는 검은 가지 끝에 팝콘들만 쏟아낸다.

어두운 마음으로 눈길을 돌려본다
한 폭 넉넉히 흐르는 강물 위로
햇살에 반짝이는 것, 눈물 꽃이 아니더냐.

이 봄 물소리는

이 봄의 물소리는 자궁 속을 스며든다
갈라 터진 살 틈 속을 살며시 드나들며
기억의 푸른 세포를 일깨우고 있구나.

이 봄의 물소리는 마음 밭을 흘러든다
결빙結氷의 마른 가슴에 자모子母를 다시 풀어
초록별보다 푸른 세상을 수繡놓고 있구나.

참새와 교실

방학 동안 갈무리해둔
한 아름의 얘기꽃을

교실에 들어서자
왁자지껄 펴놓는다

한 무리 참새 떼들이
앉아 있는 들판 같다.

'얘, 얘, 내 말 들어봐
나 너무 살이 쪘지?'

'방학 동안 먹고 놀다
이렇게 됐지 뭐니?'

아직도 마음은 마냥
신나는 방학 중이다.

허영虛榮의 봄

시대의 봄은 가난하다 경박輕薄을 극極한 세태
피는 잎 맺힌 꽃 위에 쏟아지는 햇살처럼
말문을 열었다 하면, 만개滿開하는 말의 성찬盛饌.

꽃이 피는 동안만은 세상은 하나 둥그렇다
이윽고 지고 나면 다시 또 오랜 침잠沈潛
순간을 피우기 위해 저리 오래 기다리는 것을.

'해체解體와 포스트모던' 그럴듯한 수사修辭 앞에
모두가 입을 열고 꽃잎들을 토해낸다
뿌리도, 줄기도 없는 거품처럼 가벼운 꽃을.

황사 유감 黃砂有感

꽃 피는 조선의 봄은 신神도 시기하는가 봐
먼 이역異域 모래밭이 구름같이 일어나서
강, 바다, 산을 넘어서 바람 타고 오는구나.

납으로, 카드뮴으로 오는 봄을 막을 순 없다
하루, 이틀, 사나흘쯤 흙비로 덮는다 한들
꽃 피는 조선의 하늘 어찌 가릴 수 있겠는가.

흰 목련 벙그는 날

신새벽 어디선가
하프 소리가 들려온다

이윽고 여린 정적靜寂
그 적막의 한켠에서

희디흰 손들이 나와
촛불을 켜고 있다.

연봉連峰을 건너온
물빛의 순한 바람

영창映窓 밖 행복 가지의
맑은 현弦을 울리면

향기로 빚은 세상이
풀밭 위에 펼쳐진다.

2부

귀뚜라미

뚫리는 건 반투명半透明의
난청難聽만이 아니다

어둠의 한 계단씩
더듬이를 뻗으며

이 밤의 피하皮下조직을
탐지探知하고 있구나.

꿈꾸는 바다

경계境界 없는 경지란 이를 두고 이름인가
자잘한 물거품이 모래밭을 넘나들며
나직이 스며들었다 그냥 물러갈 뿐이다.

해종일 갈매기는 봄을 찍어 나르고 있다
바람 실은 물이랑을 열었다 닫았다 하며
새하얀 건반만으로 푸른 악곡樂曲 짓고 있다.

낙하 落下

수직으로 급강하急降下하는
내 사랑의 저문 잎들

인연의 종지부終止符라는
의미도 거부한 채

결단의 인장印章을 찍듯
한 생애를 마감한다.

서슴없이 투신하는
아스라한 벼랑만큼

견고한 유혹들의
온갖 결박結縛을 풀고

장렬히 순절殉節을 맞는
저 형형熒熒한 잎의 최후.

마음에 한 점點

하늘에 한 점點 찍었다
붉은 물이 확 번졌다

땅 위에 획劃을 그었다
천하가 다소곳해졌다

마음에 인장印章을 찍었다
저녁 별이 반짝 웃었다.

배치配置

오른 다리, 왼 다리 위에
포개듯 얹어놓고

왼팔은 이마에 얹어
깊은 묵상默想 하시듯

여느 때, 여느 일처럼
아버님 돌아가셨다.

공원묘지 가는 길가
내가 본 소나무 한 그루

외로 틀린 몸뚱아리
삭정이로 버티면서

아직도 손채양하고
개울 소릴 듣고 있었네.

양지쪽 동그만 봉분封墳
서먹하기만 한 묘비墓碑

상석床石 앞에 조아린
내 부끄러운 뒷덜미를

더듬어 어루만지듯
저녁볕이 다습구나.

어떤 풍경

땅바닥의 쇠똥, 강아지,
키 작은 나무들하며

이름 모를 어린 싹
엉겅퀴, 억새풀들

뒷전의 소품小品들로도
한 세상은 빛나는구나.

이름만 불리어도
갈채 받고 등장하는

산, 바다, 그리고 하늘
아름드리 푸른 나무들

제각기 단역을 거부하듯
물감 빛이 떨고 있다.

형벌은 모래 벌에 타고
바다는 이빨을 드러낸다

갈매기 울음 풀리는
바위섬 이쪽저쪽을

감싸듯, 어루만지듯
실안개가 퍼지고 있다.

쇠북 또는 방생放生

밝혀 든 등불이
얼음보다 차가운 밤

먼 마을 개 짖는 소리
법문法門처럼 새겨지면

때마침 그 행간行間을 누벼
방생放生하는 쇠북 소리…….

촬영撮影 1

여름, 대낮,
꽃밭에
노랑나비가 앉았다

아이의 손이 다가간다
다알리아―
노랑나비―
손―

아이의 손이 휘저은 건
투명 공간의
황금 햇살――.

촬영撮影 2

울 애기 잠든 머리맡
개발새발 써놓은 글을

나직나직 읊조리다
삼매三昧에 든 귀뚜라미

세상을 소리 하나로
이리 평정平靜하다니…….

촬영撮影 3
-설야雪夜에

햇살 묻은 꽃잎의 말,
칼날 선 풀잎의 말도

이미 썩어 빛바랜 지평,
진물 녹아 흐르는 공간

순백純白의 언어로 빚은 시를
이 밤 누가 읊조리고 있다.

촬영撮影 4

바다를 건너온 새
한쪽 날개를 잃었다

깊숙이 하늘을 날다
남은 한쪽도 잃었다

구천九天을 떠돌던 영혼
이젠, 점點이 되어 날고 있다.

촬영撮影 5

저녁 새가 떨구고 간
피울음 한 방울에도

세상은 온통 불난리
초토焦土가 된 마을

타다 만 사내 심장心臟이
잿더미 속에 식고 있다.

촬영撮影 6

잎만으론 이 세상이
너무 밋밋하겠지

꽃만으론 온 세상이
너무 호사스럽겠지

그 잎에 이 꽃물 들이면
세상 참, 단풍 들겠네.

촬영撮影 7

잔잔한 수면만 보고
호수 같다 말하는 사람

실안개 피는 봉우리
그림 같다 이르는 사람

셔터를 암만 눌러도
찍히는 건 원색 풍경뿐.

깊게 팬 산기슭에 와
울부짖는 물결이나

장마 진 여름 산의
토사 쏟는 골짜길 봐

눈으로 찍은 그 물방울엔
울음소리 맺혀 있네.

촬영撮影 8

경주 남산 오르는 길
돌부처가 몇 있었다

입, 코, 귀 다 떨어지면
돌덩이라 부르지만

제대로 붙어 있다 한들
돌덩이는 돌덩이지.

가만 보니 돌부처는
상처 자국투성이다

햇볕 자국, 바람 자국
빗발 자국, 눈보라 자국

그 흔적 있는 그대로
부처라면 부처지.

돌덩이를 세우거나
그 돌에 정 먹이거나

신라 사람 꿈꾼 것은
돌에 갇힌 부처 아냐

우주의 손을 빌려서
진화하는 그런 부처지.

3부

거품 1

세상일 허무타 하랴
너를 또 가짜라 하랴

영롱한 옷차림에
현란한 네 몸짓은

사는 일 눈부신 거다
온몸으로 세우는 증거證據.

작은 물방울 모여
무지개로 걸리지만

한껏 부풀던 꿈
꺼지면 도로 거품

수면에 펼쳐진 행렬
내 화두話頭는 거품이다.

거품 2

문명의 고운 언약
이 강물에 질펀하다

잔 속을 게워 넘치는
사랑의 묘약妙藥처럼

부풀어 이내 터지는
저 허명虛名의 흰 꽃잎들.

하구河口로 쏟아져 나온
물방울의 슬픈 연대連帶

그 작은 입자로도
신전神殿을 드나들었던

한때의 부풀었던 꿈이
바람 앞에 떠 있구나.

거품 3
-어느 공장 하수구에서

물방울 수레바퀴로
너를 갈아엎으리라

향긋한 녹물에 취해
내 비록 혼절昏絶한다 해도

은밀한 너의 살의殺意를
백일하白日下에 드러내리니…….

거품 4

넌, 그걸 물이라 하고
난, 애써 거품이라 했다

넌, 그게 생명이라지만
아니, 난 헛것이라 했다

팽팽한 이 긴장 속으로
한 폭 강이 흐르는구나.

거품 5

수렁에서 연꽃 피듯
빨래터는 온통 물꽃

두 손으로 주무르는
인욕忍辱의 주름살마다

쑤욱 쑥 땟물이 진다
찍힌 발자국도 진다.

본디, 꿈의 씨와 날로
얽어 짜던 생애의 무늬

어느 결에 스며든
문명의 회색 안개를

헹구고 또 헹궈내자
올이 향긋하구나.

스르르 풀려나는
저 이승의 등짐들도

도시의 수맥水脈 속으로
잠기었다 깨어나면

무지개 발걸음 같은
물방울의 행렬을 보리.

거품 6

부풀면 그 기쁨이
하늘 솟듯 하다가도

깨어나면 이내 지는
중력의 무게여!

술잔에 넘치는 거품
입도 차마 삼간다.

거품 7

허깨비다, 꿈속이다
부정도 해보았지만

세상은 내 신부의
면사포 행렬인 걸

오늘도 외면 못 하고
내가 안고 뒹굴고 있네.

거품 8

온종일 너무 헤펐다
헛말만 흩날렸다

지친 몸 쓰러져
잠자리에 드는 날은

꿈에도 거품 뿜으며
게걸음을 치겠구나.

거품 9

겉은 참 화려하지만
그 속은 텅 비었다

이름 자꾸 부르지 말라
한 찰나를 못 견딘다

멀리도, 가까이도 말고
다만 비춰볼 뿐이다.

거품 10

지금 보는 저 햇빛도
지금 것이 아니라는데

저 빛에 반짝이는 거품
어느 때 것이라 하랴

이 눈眼도 숙세宿世로부터 익힌 것
그래도 '거품은 있다' 하랴?

거품 11

파도는 하염없이
그 속을 뒤집어선

모래밭에 쏴— 하고
포말泡沫을 쏟아놓곤

'보아라, 이게 전부야'
'이게 나의 속내일세.'

거품 12

무지갯빛 허공 속으로
사라져간 그 비눗방울

저 강물 흰 거품은
어릴 적 좇던 바로 그 꿈

환생還生의 긴 물방울 따라
흐르던 바로 그 꿈.

거품 13

눌러도, 암만 눌러도
부글부글 끓어넘치는,

끓다가 제풀에 스러지는
그 허망, 원망 말라

허망함, 그대로 인생이지
그럴수록 더 빛나는 게지.

거품 14

짝퉁은 더 빛난다
진품보다 화려하다

무한 복제複製 그 권능으로
짝퉁은 진화進化한다

진품이 진품다운 건
짝퉁 뒤로 숨는 거다.

거품 15

겉모습은 눈부셔도
뜯어보면 속 빈 강정

빛나는 이름 뒤에
실체는 오리무중

그러한 거품들 모여
세상 하나 둥그렇다.

거품 16

풍선은 부는 재미
부풀면 솟는 법이다

몸을 누일 보금자리
기둥 세울 땅마저도

돈으로 바뀌고부턴
부푼다. 자꾸 솟는다.

거품 17

"날 사랑하느냐?"
정색하며 묻는 말에

"그렇다! 그렇다!"고
스스럼없이 대답했다

내뱉고 다시는 입맛
왠지 참 떫은맛이다.

당의糖衣를 입힌 약은
먹을 땐 달콤하다

이때도록 뱉은 말의
덧칠을 벗겨내면

알맹인 무척 쓰겠지,
얼굴 확 달아오를 테지.

거품 18

땅속 깊은 데서
송골송골 솟은 샘은

유장悠長한 사랑의 길
꿈꾸듯 그리지만

부딪쳐 굽이치다 보면
거품처럼 으깨지기도…….

소용돌이 심연深淵 속에서
그 사랑, 다시 눈떠

뒤집다, 꿈틀거리다
온몸으로 길을 내면

아, 깊고 무한히 넓은
은혜 같은 강물 되거니…….

거품 19

천 길 낭떠러지를
떨어져 본 이는 안다

아찔함, 또는 혼미함
찢어진 살점 속으로

제 식솔 다 거두고 나서
몸져눕는
물의 모성母性을.

거품 20

현미경으로 겨우 뵈는
미물인 바이러스에

덩치 큰 소와 돼지
하나둘씩 넘어지던 날

그렇게 부푼 살집들이
거품인 줄 알았다.

생물 앞에 미微 자 붙여
우월감에 들떠 있던

우리들 상식 위에다
뒤통수를 치고 말았던

그것은 미물微物들의 반란,
통쾌한 역전 드라마.

사지가 멀쩡한 놈도
한 구덩이에 파묻는

현대판 순장殉葬 제도에
희생양이 되던 날

그들은 또 한 번 치를 떨며
몸부림을 쳐야 했다.

묶은 끈도 풀어버릴
모질고도 질긴 명줄

얼마나 발버둥 쳤으면
네발 삐죽 나왔겠나

저 놀도 차마 못 봐서
함께 피를 흘리는구나.

거품 21

무지갯빛 그리 고운
거품 속이 권태로워

저 너머 하늘과 태양
그리다, 못내 그리다

마침내 터뜨린 껍질—
"뭐냐 이게, 웬 물 천지람!"

거품 22

강물은 큰 치마폭
그 속에 발을 담그면

잠자던 포말泡沫들이
음표音標처럼 깨어나

뜬 몸을 감싸 안아다
자궁 속에 누인다.

거품 23

웅덩이에 가득 모인
물의 목숨 받은 것들

햇빛이 눈에 부셔
종일 눈을 못 뜨다가

큰 눈을 껌뻑하더니
간데온데없구나.

거품 24

속에서 끓는 불을
아는 이는 별로 없다

뜨거운 김 내뿜어도
그러려니 하다가

뚜껑이 들썩거려야만
치솟는 분노를 알지.

거품 25

오직 사랑, 큰 사랑으로
집을 지어 바치겠다던

그 언약, 물 위에 뜬
바람 앞의 거품 신세

사랑이 채 깃들지 못해
썰렁한 물집 신세.

거품 26

불의 아들, 그도 아냐
대지의 딸, 그것도 아냐

그러면, 물의 권속眷屬?
그렇단 단정斷定 일러

네 본래 성품性稟은 아마
바람일 성싶어서야.

없다가 생겨나면
바람같이 떠다니다

떴다가 사라지면
바람 떠난 빈자리야

물에 나, 물에 죽을 손
네 영혼은 필시 바람.

거품 27

좋을 땐, 죽네 사네
수틀리면, 미워 죽네

마음도 물방울처럼
맺혔다가 풀렸다가

낙수 져 거품 뒹굴면
"아차, 그게 사랑이었네!"

거품 28

"어디에서 흘러오니?"
눈만 몇 번 깜빡였다

"가는 곳 어디냐?"
몸만 잠시 뒤척였다

오는 곳, 가는 곳 몰라
이심전심以心傳心 거품 인다.

거품 29

거침없는 말의 거품
꽃보다 더 화려한 변신

입에서 꽃을 피우는
마술에 넋을 잃었다가

꽃 지고, 거품 갈앉으니
보이네,
아름다운 사람…….

거품 30

조금 더, 조금만 더
그걸 좀 더 빠르게

그릇에다 부어봐라
물이든지, 술이든지

'한 눈금', '조금 더'란 게
결국은 거품인 것을.

조금 더 적게 부어
빈 만큼 여유롭게

느리게, 좀 느리게
아쉬운 듯 웃음 주며

그 거품, 이쯤서 보니
하염없는 꽃인 것을.

4부

그것, 너와 나, 그리고 죽음

사람으로 태어나 한목숨 마치는 일을
흐르는 구름에다, 또 낙엽에 빗대기도 한다
모두들 달관達觀한 듯이 그리 쉬 말을 한다.

어릴 적 우리 마을 한 할아버지 죽음을 보고
나는 그런 비유가 정말 옳다 믿었었다
그 당시 내가 본 죽음은 행운行雲이요, 유수流水였다.

제법 나이 들어 맞은, 돌연突然, 한 친구의 부음訃音
더 이상 그의 죽음은 '그것'이 아니었다
마음속 깊은 골을 파는 '너'의 죽음이었다.

이젠 어미 잃고, 아비마저 잃은 고애자孤哀子
천 갈래, 만 갈래로 터지는 가슴하며,
진물 져 흐르는 상처는 다 '나의 것', '나의 것'이다.

눈물 마른 자리엔 또 물길은 다시 틔어

강물은 흐르겠지만, 어쩔거나 벗이여!
강바닥 깊이 옹이 져 박힌 정체 모를 이 물음표는?

고요 낚시

봄눈 녹는 내 의식의
양지바른 연못 하나

생각의 잎을 치고,
기억의 가지를 친다

그 물결 사라진 빈터
낚싯줄을 드리워본다.

시간이 끊어진 바닥
그 닿을 수 없는 심층深層

몇 발의 실을 풀어야
자유의 덫에 닿으랴

몇 겹의 고요를 더 견뎌야
터지는 전율戰慄을 보랴.

나의 기도는

내 기도는 향向하는 곳,
추구하는 경계境界 없다

보다 더 나은 삶
꿈꾸는 낙원도 없다

그것은 혼신渾身의 힘으로
타오르는 촛불 같다.

오로지 타오르며,
스스로 녹을 뿐이다

녹으며 이룬 것 없고
다만 빛날 뿐이다

기도는 지금, 여기서
그러고 있을 뿐이다.

득음得音

시업詩業의 첫걸음은
그야 말 고르는 일

다 닳아 해진 말밭
기웃기웃 뒤져보며

생금生金빛 꽃으로 필 말
보밴 듯이 찾는 일.

채로 쳐 걸렀다고
그게 다 보석 되나

눈먼 돌에 정釘 먹이기
대패질로 속살 깎기

그 어느 신운神韻을 얻어
춤이 되는 그날까지.

한 낱말 한 구절이
한 목숨 사르는 일

마침내 불가마 속
꿰미 져 나오는 날

천지도, 귀신도 곡못할
그런 음音을 얻는 거지.

마음 흔들릴 때

한 찰나에 휩쓸어 가는
보았는가, 저 분노의 불

오늘토록 쌓은 탑을
단칼에 주저앉히듯

다 태워 스스로 잠드는
저 붉은 화마火魔의 입을.

마음이 요동칠 때
내 몸 또한 그럴 게다

한 가지에 달려 있는
억조창생億兆蒼生 저 세포들

강진强震에, 쓰나미까지
당할 일은 다 당할 테지.

신경망은 서로 엉켜
소통조차 끊긴 폐허

핏줄은 소용돌이치고
혈압은 곤두박질

끊길 듯, 이어질 듯하는
그 맥, 차마 못 짚는다.

황무지가 새싹 키워
하늘 살림 한다면

우리도 흔들릴 땐
그 속에서 뼈를 찾고

그 흰 뼈, 곧게 세우는
사람 살림 하면 되지.

못질 이후

하늘을 벽을 삼아 쾅쾅 못질을 한다
직선으로, 원형으로, 혹은 입체형으로
자유의 영토를 넓힌다며 하늘 벽에 못질이다.

그저 시작은 금을 긋는 놀이였다
소유의 망치 끝이 비정할 줄 몰랐었다
조그만 못 한 자루로 심장부를 겨냥할 줄을.

이젠 누가 봐도 승부는 결판났고
승자의 진군나팔 코앞에 닥쳤는데
하늘은 별 반응이 없고, 태양만 녹빛이다.

그러나 밤이 되면, 모두 쉬는 밤이 되면
설정된 블록 위에 역상逆上으로 빛나는 별
그것은 별이 아니다, 수술 후의 흰 실밥이다.

문고리를 잡으려면

문고리를 잡으려면 온몸이 저려온다
밟고 온 삶의 지문指紋 반란反亂하며 오는 노을
넝마도 부끄러워라, 자꾸 낮게 깔린다.

오늘은 어제같이, 어제는 그제같이
땅에 떨군 비듬하며, 내 일상의 잔주름이
오늘은 왜 문패門牌 앞에서 이리 휘청대는 걸까.

'문 열어라, 문 열어라' 어둠 속을 헛짚는 손
저만치 멀어져 간 아득한 허공 속을
투망投網도 놓치고 만 눈썹달이 뜨고 있다.

바이러스와의 동침同寢

억겁億劫의 전생부터 질긴 연緣이 있었던가
이 몸 받아 태어날 때 너 또한 한 몸속에
살며시 들어와 앉아 동거하며 살자 했다.

하지만 너 바이러스, 생각하면 오랜 숙적宿賊
일진일퇴一進一退 공방攻防의 싸움, 너 물리칠 비방秘方도 썼다
끝까지 밀어붙이면 두 손 들 것 같아서다.

간덩이가 퉁퉁 붓던 생사의 기로岐路에서
칼날을 버리라며 넌 피식 웃었다
너와 나 함께 죽을 일을 애써 도모하느냐며.

난 손을 내밀었고, 넌 고개를 끄덕였다
화해和解의 술잔을 높이 들어 부딪친 날
우리는 무척 오랜만에 곤한 잠을 함께 잤다.

빙하기氷河期의 돌

눈빛을 맑게 뜨면 도로 어둠 속에 묻혀가고
감으면 어둠의 심층深層, 섬광閃光으로 깨어나는
그 무슨 역리逆理의 돌이 지금 눈앞에 있다.

가까이엔 사뭇 바람, 그대 말씀은 귀에 멀다
더듬는 손길 앞에 문득 끊기는 시간의 벼랑
입 열면 얼붙어버리는 돌이 하나 서 있다.

봄 난청難聽

설사 그대, 날刃을 세운
장검長劍을 들었다 해도

칼끝에 서린 살의殺意
뼛속을 사무친다 해도

잠시만 내려놓음세
빈 가슴이 되어보세.

불꽃처럼 피던 함성
귓전에서 사라지고

광야를 두들기던
말발굽 소리 멀어지면

그대여, 바로 이쯤서
귀를 열고 들어보세.

우리는 하잘것없는
승리에 목마르지만

저 지심地心 언 땅 녹이는
풀무질 소리 들을 수 없네

귀 있어 듣지 못하면
난청難聽 아님 뭐겠나.

소금 공양供養

어느 날 신새벽에 꿈자리가 사납다고
소금을, 하얀 소금을 마당귀에 뿌리던 아내
아직도 간밤 악몽의 흰 꼬리가 밟힌다며……

그래, 그랬었다, 한겨울 죽 그랬었다
아내는 여러 날을 불면으로 시달렸고
아침엔 야윈 손으로 흰 소금을 뿌렸었다.

녹물도 번져 있고, 구정물도 얼룩은 자리
아내는 왜 아침마다 소금을 뿌렸을까
조금씩, 매일 조금씩 공양供養하듯 뿌렸을까.

아내는 이 세상의 정화淨化를 꿈꾸었을까
하얗게 뿌려주면 천상天上인 양 별이 뜨고
모여서 은하銀河를 이룬 그런 세상 말이다.

봄이 와도 어둡다, 풀리잖는 의문이다

담장 옆 매화나무 제 먼저 몸을 풀고
'이것 봐! 이걸 보라'고 꽃망울을 달았다.

우주의 나이

언제 여기 날 부려놓았지?
우주여, 수레바퀴여

오늘도 전파만 흘리는
하염없는 저 태양을 보며

때로는 천애 고아天涯孤兒가 되어
잊어버린 나이를 묻는다.

윤회輪廻의 굴레

이것이 있으매, 저것이 있는 법
나 또한 윤회輪廻의 수레 취한 듯 타고 왔네만
이제는 수레를 내려 그 허망虛妄을 보고 싶다.

생각하면 수 억겁을 돌고 돌아 여기 왔다
생각의 꼬리는 도마뱀처럼 자라나서
인과因果의 시작과 끝을 매듭지어 흐르는구나.

한 생각 끊어지면, 나는야 유영遊泳하는 물고기
이 궁리 저 궁리 끝에 눈을 딱 감아본다
아서라, 부질없는 짓, 인연법因緣法 그물 속인걸.

일탈逸脫

책을 봐도 좀처럼 잠이 오지 않는 내가
오늘은 웬일로 눈이 자주 감긴다
궤도를 벗어난 글자의 끈질긴 유혹 탓일까.

풀어진 기호들이 길을 잃고 헤매는 공간
부서진 의미들만 안개처럼 떠돌다가
여백의 긴 터널 속으로 나를 자꾸 끌고 간다.

글자라고 다 뜻을 담는 그릇만은 아닐 게다
가끔은 일탈逸脫을 한 해방된 언어도 있다
나른한 봄에 누리는, 이건 또 다른 지복至福이다.

입정入定

잉잉거리던 벌 떼들이
마침내 잠이 들어

텅 빈 방 한가운데
촛불 켜고 앉으니

어두운 마음 열려라
눈길 훤히 밝아라.

스러지는 것들은
별빛뿐 아니더라

상념想念의 꽃 행렬은
강물 따라 떠나가고

무명無名의 화두話頭 하나가
연꽃처럼 펴오른다.

직지법문 直指法門

'색즉시공色卽是空, 공즉시색空卽是色'
그 뜻 자꾸 캐물으니

손가락을 들어 보이며
'지금 여길 보라' 한다

여기에 다 갖춰 있으니
'이걸 바로 보라' 한다.

청동青銅거울 앞에서

어디서 왔을까, 말도 차마 삼간다
연륜年輪이 핏금 져간 얼굴 한 모서리를
더듬어 어루만지자 그도 외면外面 않는다.

망각忘却의 그 깊은 강물 몇 번을 건넜기에
여인이 던진 눈빛 하나 기억조차 못 하는 걸까
인연因緣의 여린 실 한끝을 나는 지금 가늠 중이다.

저쪽은 이미 닫힌 창窓, 어둠의 덧문은 내렸고
아득한 거리만큼 나는 더욱 외로워라
오늘 밤 꿈의 창호窓戶에 고전古典의 달이 뜰까.

한 생각 멈춘 자리

주위를 정淨히 하고 향을 피워 올립니다
오시는 길 어두울까 촛불을 밝힙니다
상相으론 당신 못 뵐까 한마음에 불 켭니다.

부황浮黃 든 누런 얼굴, 빛바랜 잿빛 산발散髮
누더기 넝마 자락, 흙발이면 어떻습니까
한 생각 멈춘 자리에 달빛처럼 내리소서.

정화된 이 순간만은 내 손안에 머무소서
너울 치며 흩어진 상념 둥지처럼 틀어 올려
둥그런 달을 빚듯이 한 소식 굴리소서.

휴지休紙를 던지며

무심코 던져버린 몇 장의 휴지 조각이
손끝을 빠져나간 그 떨림의 무게만큼
내가 선 마음자리를 물무늬로 흔들어.

뜨거운 삶의 언덕 연실처럼 풀리다가
때로는 가지 끝에 헝클리기도 하던 생각
이 밤엔 몇 장 휴지로 실려 가는 강물이다.

더러는 말문 닫고 버티어보다가도
인생은 무덤 앞에서도 침묵에서 비켜서기
다시 또 등피燈皮를 닦고, 새 보법步法을 생각는다.

저기 봐 휘황한 불빛, 칼날 끝에 스러지는
불을 끄면 일어서는 한 채 고요한 수면水面
잡음雜音도 티끌마저도 걸러 피는 꽃 좀 보게나.

5부

1992년 겨울 처방전處方箋

1. 하늘은 침통하다
   신문新聞마다 '인플루엔자'

   콜록거리는 기침 소리에
   도시는 뜬눈이다

   문병차問病次 지나던 바람
   창문을 두드린다.

2. '몹쓸 병인가?' '글쎄요……'
   체온은 4십1도란다

   '떨어질 듯하던 열熱이
   또다시 치솟네요'

   '그래도 살 수 있어요
   이 나라 물가 보세요.'

3. 언 땅 어느 부위에
   청진기聽診器를 대야 하나

   촉진觸診 끝에 묻어나는
   점점이 흐르는 진물

   찌푸린 빌딩 숲들이
   숙의熟議를 서두른다.

4. 종소린 몇 번이나
   허공을 빗겨 갔나

   구원救援을 우러르며
   합장合掌한 손길 위에

   찢어진 처방전處方箋 조각들만
   정제錠劑처럼 쌓이고 있다.

겨울나기

겨울은 늘,
군홧軍靴발의
요란한 입성入城이나
늠름한 기치旗幟 따윈
앞세우지 않는다

우리의 겨울나긴 일견一見
의외로 수월하다.

그도 그럴 것이,
살얼음판 건너기나,
섞어 치는 눈발,
칼바람 매운 채찍이야,

가슴팍, 아니 온몸으로 받아
버티면 되는 것을…….

허나, 그들의 총검銃劍은
꽃뱀처럼 눈부시고

나직한 선전포고宣戰布告는
늘 한 소절 서정抒情 시구詩句

이래서 우리들 싸움은
또 한 번 난감해진다.

이젠 바람 없는 날도
예감되는 적의 모의謀議

아, 이렇게 따슨 날은
체온을 더욱 낮추며

죽은 듯 외려 뜨거이 사는
새 작전作戰을 세울 일이다.

그 누가 부끄럼도 없이

그림 속 하늘빛은
황사黃砂 낀 회색이다

멀쩡한 태양은
부황浮黃 든 얼굴이다

이것이 참세상이란다
여섯 살배기 아이 눈엔.

먹빛 강물이지만
흰 거품은 두둥실

플라스틱 조각들도
흥에 겨워 춤을 추고

이 좋은 때를 놓칠세라
물고기 떼도 둥둥 뜬다.

한 점의 에누리도 없는
정직한 이 그림을 두고

'빛바랜 동심童心 위에
웃자란 황폐함'이라고

그 누가 부끄럼도 없이
세 치 혀를 놀리는가.

낙동강 하구河口에서

물빛 하늘 내려서면 발끝부터 열이 올랐다
허리께쯤 감기는 신명 산발散髮로 풀어봐도
터지는 치마 주름을 따라 물새 떼가 쏟아졌다.

떠가는 낙화 한 잎, 번뜩이는 은銀비늘도
그땐 그대로 춤이었다, 한바탕 놀이였다
갈밭이 실어증失語症을 앓고, 쉰 목소리로 울던 날까진.

오늘 석간夕刊 특보特報감은 '꼬리 없는 물고기'란다
상床머리엔 즐비한 생선 뼈, 하구엔 한 폭의 녹물
수혈輸血을 시작하는 바다가 큰 아가미를 헐떡이겠다.

백성百姓의 밤 1

몇 잔 술로 채울 수 없는
공복空腹의 검은 눈동자

해진 누더기 자락,
그 너머를 응시凝視타가

고려조高麗朝 청산곡青山曲 일 절一節
그 행간行間을 더듬는다.

백성百姓의 밤 2

백성들이 앓는 밤은
바람도 흐느낀다

이따금씩 터져 나온
외마디 신음 소리가

어둔 방 돌고 돌다가
문풍지를 울린다.

달빛도 찾아와선
차마 말을 못 붙이고

밤새 추위에 떨던
추녀 밑 고무신 위에

언 가슴 어루만지듯
은가루만 뿌리고 간다.

'진정 대자유'란

'자유', '자유'라 한다, 모두들 '자유'라 한다
목소리도 높여보고, 팔도 걷어붙여도 보며,
그것을 '자유'라 한다, 영어囹圄의 족쇄를 찬 채.

우린 모두 그 '자유'를 신주처럼 모셔왔다
누가 먼저 차지할까 투쟁하며 살아왔다
마침내 그 섬엘 가면 대자유가 있는 듯이…….

목은 타고 몸도 지쳐 이게 진정 자유인가
눈 한번 돌려놓으면 그 자리가 자유 아닌가
그렇다, 진정 대자유란 투쟁을 멈춤일세!

심장心臟 하나로
-어느 목사의 죽음에 부쳐

처음부터 그의 길은
심장 하나로 버티기였다

올가미로 묶어두면
혼은 벽을 허물었고

족쇄로 채워둘수록
꿈은 외려 불꽃이었다.

거두어 갈 육신인들
온전키야 하랴마는

역사의 누더기에 싸여
신의 품에 안기는 날

그나마 성한 장기臟器는
나눠 주고 가시더라.

씨앗이 땅에 져
썩으면 새움 돋듯,

당신 뜻 이 땅에 묻혀
다시 피가 도는 날은

바위에 짓눌려버린
이운 풀의 부활을 보리.

이름 없는 자여

이름 있는 자는 생전
가슴팍에 별을 달고

그 복락福樂 다 누린 뒤 또
죽어 별로 뜬다는데

이 강산 이름 없는 자여
그대 뭘로 빛을 내랴.

그대 또한 목을 뽑으며
까치발로 서도 보고

흔적뿐인 날개 자국
추슬러도 보았지만

꿈꾸는 비상飛翔은 끝내
별똥별로 지는구나.

추락하는 것에 어디
날개가 있다더냐

비상飛翔을 멈춘 건각健脚
대지 위에 버티고 서서

흙먼지 뒤집어쓴 채
뿌리라도 뻗어본다.

저 하늘 별, 빛날수록
강바닥은 타들어가고

버티다 쓰러져 간
쭉정이 수수밭에

부르터 갈라 터진 틈을
무명초가 싹트는구나.

풀의 항변

내 비록 몸 하나 곧추세울 힘이 없고
낮은 키에 작은 잎만 올망졸망 붙여 살아도
억겁을 기도했었다, 이 한 몸 받고 싶었다.

볕 좋고, 기름진 땅 나무들께 다 내주고
그늘지고, 비탈진 곳, 깎아지른 절벽이나
쇠똥밭, 바위틈이면 어때, 지금 여기 내가 있다.

큰 잎사귀, 쭉 뻗은 가지, 태양 볕에 멱을 감고
너른 땅에 떡 버텨 선 채 지심地心에 뿌릴 박은
덩치 큰 나무들 봐라, 네 발밑의 풀이다, 풀!

어쩌랴! 너희들은 들보, 또는 서까랫감
아니면, 도릿감으로 갈채 속에 크겠지만
눈 뜨면 이리 지천至賤인 풀, 누가 눈길 한 번 주랴.

척박한 이 분복分福의 땅, 하늘 섬겨 살다가도

때로는 짓밟히고, 뿌리째 뽑히는 날은
바람의 등에 업히어 다시 몸을 일으킨다.

그래서 얻은 이름, 쇠오줌, 말똥 같은
'쇠비름, 억새풀, 질경이, 땅강아지 풀'
그래도 웃을 수 있는 난, 이 땅의 당당한 풀이야!

혁명革命의 밤

능선을 허물고 오는
저물녘 끓던 함성

허기진 풀밭 위를
찬이슬로 젖어오면

잠들지 못한 별들만
옹이처럼 와 박힌다.

바람에 대질리면
흰 옷깃이 더욱 서걱이듯

어둠이 묻은 별빛은
흰 뼈대만 드러낸다

익명匿名의 검은 발길 앞에
날刃이 서는 풀잎, 풀잎.

어딜까 손을 저어
더듬는 밤의 긴 늪

화인火印 찍힌 가슴들이
물에 젖어 떨고 있다

몇 가닥 신음 소리만
빈 가지에 걸리고…….

별이 쏟아진다,
파도가 일어선다

어둠 속을 눈물 찍던
나무들도 일어선다

때마침 북채 하나가
동쪽 벼랑을 치고 있다.

흰옷이 일어서려면

흰옷이 일어서려면
땡볕의 모진 채찍질,

동짓달 긴긴 다듬이질
가슴팍에 받아야 한다

마지막 숯불 담금질
등줄기로 받아야 한다.

무릎뼈가 부서지면
무릎뼈로 버티는 아픔!

진흙 발을 땅에 묻어야
설 수 있는 풀잎의 아픔!

그것은 우리 모두의
차마 아프지도 않은 아픔!

내 것을 내던져야만
너를 세울 수 있고

호사豪奢를 다 사르어야
흰빛이 터져 나오는 법

참으로 얻기 위해선
모두를 잃어야 하는 아픔!

| 평설 |

형식을 넘어 무한 자유를 찾아서

전일희 현 한국시조시인협회 부이사장

1

김용태는 70년대 말,《현대시학》으로 등단하여 30여 년이 넘게 부산에서 시조를 일구고 가꾼 토박이 시인이다. 70년대 부산 시조단은 황량한 사막과 같아서 전문적으로 시조를 쓰는 이가 열 손가락을 꼽아도 부족할 정도로 드물었고, 게다가 당시에 발표된 작품들 대다수가 서정과 관념에 도취되어 신선한 전환점을 갈망하던 시기였다.

가벼운 시상詩想과 직관에 의존하던 전통적 작풍作風에 반기를 들고, 사물과 현상의 내재적 존재에 대한 인식과 본질 탐구라는 모더니즘적 요소를 시조에 접목시키려는 그의 노력은 어찌 보면 당시에는 일탈이며 반항이었다. 이단아적인 이런 그의 노력은 당연히 그를 문단의 중심에서 멀어지게 하였고, 그만큼 그는 고독한 터널을 걸어가야 하는 숙명의 시인으로 자리매김된 셈이다. 1983년에 출간한 그의 처녀 시조집 『한가람 물빛 여백이』에서 실험되고 검증된 사상事象의 본질에 대한 탐색이 제2시조집 『거품에 대한 명상』에서 그 실체를 보다 명확하게 드러내고 있는 것이다.

이런 김용태 시인의 작품 세계는 전통에 익숙한 시인의 입장에서 보면, 분명 전위적前衛的 위치에 서 있다. 정형의 틀에 갇힌 산수화나 풍속화를 사실적으로 그려내는 것이나, 현실에 대한 감각적 표현에 익숙한 전통적 창작 기법에서 벗어나 정형의 벽을 넘어 무한 자유를 추구하려는 몸부림, 대중성을 추구하는 기존의 질서를 거부하는 시정신은 분명 우리 시조의 지평을 한 차원 끌어올린 것으로 평가받아야 옳을 것이다.

시인은 많되 제대로 된 시조시인이 드문 까닭 중 하나는 모사와 표절이 범람하여 '그 사람이 이 사람이고, 이 사람이 저 사람인' 작단作壇의 현실 때문이다. 아무리 혈연과 지연, 인맥이라는 진흙이 이 땅을 채우고 가려도 백옥白玉은 흰빛을 잃지 않는 법이다. 새로운 세계에 대한 끊임없는 탐구와 모색이라는 작가정신을 일관되게 실천한 시인은 많지 않다. 이 점에서 우리는 그의 제2시조집을 주목하는 것이다.

우선 전체를 개괄적으로 본다면, 제2시조집의 제1부에서는 일상에서 대면하는 자연의 비의秘意를 탐색하여 순수 지향의

개인적 세계관을 암묵적으로 드러내고 있으며, 제2부에서는 순간적이고 찰나적인 이미지 포착을 통하여 현상에 내재하는 존재의 의미를 추구한다. 이어서 제3부에서는 다양한 관점으로 우리를 에워싸고 있는 사회와 문명, 정신과 육체, 형식과 실체 등을 예리하게 재단하여 그것들의 본질을 구현하고 있다. 독자들에게 던지는 그의 화두는 현대 문명의 실상과 허상을 '거품'이라는 구체적이고도 상징적인 사물로 기호화하여 '우리의 미래가 어떻게 변해야 하는가?'에 대한 방향과 전망을 제시하고 있는 것이다. 제4부에서는 사물과 언어의 관계를 구명하여 언어가 가지는 구속과 제한성을 밝히고 존재의 실체를 제대로 인식하고자 노력한다. 또 그런 언어의 속성을 벗어나 무한 자유의 세계를 갈망한다. 마지막 제5부에서는 겨레와 우리 문명에 대한 그의 분명한 입장을 풍유와 반어로 비판하고 있다.

2

아마 혜안을 지닌 독자들은 김용태 시인이 툭툭 내뱉듯이 던지는 제목에서 벌써 예사롭지 않는 분위기와 시작詩作 동기를 감지했으리라 여긴다. 제목에 대한 남다른 천착穿鑿은 평범을 초극하려는 시인의 시작 태도가 그대로 용해된 증거일 뿐만 아니라, 그의 '예사로움'을 극복하려는 시정신의 단면을 드러내는 결정체다. 「봄 또는 물음표」, 「벚꽃 인상」, 「느닷없는 눈물」, 「바람의 손」, 「웃음의 행방」 등에서 보듯이, 그의 제목은 신선한 충격과 파문을 일으킨다. 이런 그의 작업의 기저에는 순수한 마음으로 세계를 열고 이해하려는 살아 있는 작가정신이 있다. 그러므로 그의 작품들은 지성적 성찰과 표현을 통해 과거의 주정主情 위주의 시조들과 차별화하고자 하는 번뜩이는 아방가르드 정신의 산물로 보아야 한다. 차별화의 궁극적인 귀착점은 개성적인 작품의 창조에 있다.

    마당귀에 흘린 한 어린이 / 그 쾌청快晴의 웃음을 찾아 //
    겨울잠 뿌리 속까지 / 자맥질하던 내 기억 하나 //
    이 아침 물소릴 듣고 / 개나리로 깨어났구나.
    ―「웃음의 행방行方」 전문

'웃음'의 종류야 가지가지 많겠지만, 시인이 찾는 '웃음'은 무심 무욕, 자연 그대로의 표정이자 참소리다. 세월의 강이 깊어질수록 사람은 본디 하늘이 준 본성을 상실한 채 담천曇天 아래서 속세에 절어 산다. 삶의 여정은 늘 순수에서 비순수로, 안정과 평화에서 혼돈과 무질서로 나아간다. 김 시인이 그의 삶에서 끝까지 사수하고자 한 것은 명예도 물질도 아닌, 순수의 극치인 '쾌청한 봄날, 노란 개나리로 개화하는 티 없는 어린이의 웃음' 조각들인 것이다. 이것이 그의 시조를 지탱하는 근간이다. 이런 탄탄한 정신적 무장에서 비롯된 그의 예사롭지 않은 행보는 「봄 또는 물음표」를 시작으로 제 색깔을 드러낸다.

> 해마다 봄이 되면 / 새싹처럼 돋아나는, //
> 그래서 풀고 싶은, / 그런 의문 하나 있다 //
> 얼붙은 마른땅 위로 / 솟아나는 물음표 있다. //
> 계곡물 채 풀리기 전 / 하마 너는 와 있는가? //
> 도대체 넌 없지 않고 / 어찌하여 예 있는가? //
> 빛으로, 밝은 빛으로 / 사랑처럼 예 있는가? //
> 무욕의 빈 나무 등걸 / 부르터 마른 가지 끝 //
> 새소리만 넘쳐나는 / 텅 빈 하늘 어디쯤서 //
> 연둣빛 뾰루지같이 / 돋아나는 물음표 있다.
> ―「봄 또는 물음표」 전문

생명감이 넘치는 '봄' 경치를 단순하게 미화하거나 찬탄하지 않고 '만상萬象의 변화와 새로움의 원천은 무엇인가'라는 의문 제기로 시작함은 다름 아닌 그의 시편에 흐르는, 존재에 대한 조심스런 탐색의 촉수이기도 하다. 자연의 변화에 대한 이런 접근은 '쾌청한 웃음'으로 살아가는 김 시인이 동안童顔을 지녔기에 가능하다. '연둣빛 뾰루지같이 돋아나는 물음표'를 달고 설레는 계절 아래에 선 시인의 표정을 엿볼 수 있는 작품이 바로 「벚꽃 인상」이다.

> 경악驚愕 속에 너는 온다, 짓궂은 악동같이
> 봄 세상 마구 흔들어 풍경을 바꿔놓곤
> 저 혼자 내숭을 떨며 짐짓 웃고 서 있다.
>
> 네 웃음 눈으로 받아 온몸을 흔들어보면
> 겨우내 얼붙은 핏줄 부르르 떨리면서
> 수채화 물감 풀리듯 웃음 자꾸 번진다.
> ─「벚꽃 인상印象」 전문

자연의 변화에 대한 솔직하면서 남다른 인식이 자신도 모르게 '아악!' 하고 내질러 버리는 이 한 마디 경악驚愕이면 족하지 않은가. 대상의 실체를 객관적으로 묘사하기보다 오히려 풍경 속으로 걸어 들어가, '저 혼자 내숭을 떨며 짐짓 웃고 있는' 벚꽃의 실체를 온몸으로 체감함이 놀랍다. 우주적 질서에 대한 단순한 이해를 넘어 자연의 이법에 순응하고 한발 더 나아가 자연의 일부가 되어 '수채화 물감 풀리듯 번지는 웃음'으로 선 시인은 그야말로 장주지몽莊周之夢의 경지를 넘어 무소외無所畏의 심법을 펼치고 있지 않은가. 김 시인의 이런 물심동체物心同體의 시적 태도가 완숙의 경지에 이르렀음을 증거하는 작품이 바로 「세상사 허허로운 날」이다.

    하늘이 그리워지면 팔맷돌을 주워 든다
    텅 비어 그냥 푸른 강, 속내까지 가늠하며
    평생에 익힌 업業인 양 돌팔매를 날려본다.

    세상사 허허롭다 절룩이며 걷는 걸음
    기운 태양 매달려 절로 휘는 저 가지 너머
    먼 산은 한쪽 어깨부터 무너지고 있구나.

    어디선가 떨어져 발끝에 채는 낙과落果
    두 손으로 받아 들면 하늘빛은 더 그리워
    무거운 쇠북 소리만 길을 열며 가는구나.
    ―「세상사 허허로운 날」 전문

'삶'의 실체에 관한 인식과 대응을 감각적 심상만으로 일관하여 그려낸 시조로 시인의 지성적 면모가 칼날처럼 살아 있다. 영속永續하는 세월 앞에 선 그도 어쩔 수 없는 삶의 공허함과 허무에 절망한다. '텅 비어 그냥 푸른 강'이라는 공허한 삶의 여정을 '절룩이며' 가는 시인의 걸음걸이를 한결 처연케 하는 외적 상황을, '기운 태양 매달려 절로 휘는 저 가지'와 '한쪽 어깨부터 무너지는 먼 산', 그리고 '발끝에 채는 낙과'로 감각화하고 있는데, 이는 화자의 내적 상황과 조응한다. 우리 시조단에서 화자의 내면과 자연의 조응이 이만큼 자연스러우면서 지성적이고 회화적으로 빚어진 작품은 드물다. 삶의 '허무'를 다스리기 위해 시인의 내면은 지금 격렬하다 못해 오히려 차분하다. 세상사의 허무함을 초극하기 위해 시인이 날리는 '돌팔매'는 '무거운 쇠북 소리만 길을 열며 가는' 시공時空으로 지금도 끊임없이 날아오른다.

  삶의 본질이 '절망과 허무'라는 귀결에 이르러도 이에 굴하지 않고 가열苛烈한 정신으로 허허로움을 지우고, 한때는 지고지순至高至純의 세계인 '하늘빛을 두 손으로 받아 들게' 되지만, 삶의 끝자락은 늘 허무와 공허함으로 열려 있음도 깨닫게 된다. 삶의 본질과 특성을 궁구窮究하여 포착하려는 집요한 이런 시작 태도는 김용태 시인만이 가진 특유의 시혼詩魂이라는 주장은 결코 지나친 표현은 아닐 것이다.

3

　김용태는 실험 정신이 투철한 시인이다. 시조의 새로운 지평을 열기 위해 자유시의 여러 기법들을 시조에 접목하려 한다. 그 일례가, 대상을 배제한 찰나적·순간적인 영상을 이용해 '언어와 이미지'를 실체로 인식하려 하는 시도이다. 전통적으로 계승해왔던 의미의 시를 해체하고 무의미의 시조를 시도하는데, 제2부에서 서서히 그는 베일을 벗고 우리 앞에 얼굴을 내민다.

　　하늘에 한 점點 찍었다 / 붉은 물이 확 번졌다 //
　　땅 위에 획劃을 그었다 / 천하가 다소곳해졌다 //
　　마음에 인장印章을 찍었다 / 저녁 별이 반짝 웃었다.
　　　―「마음에 한 점點」 전문

　　밝혀 든 등불이 / 얼음보다 차가운 밤 //
　　먼 마을 개 짖는 소리 / 법문法門처럼 새겨지면 //
　　때마침 그 행간行間을 누벼 / 방생放生하는 쇠북 소리…….
　　　―「쇠북 또는 방생放生」 전문

　　저녁 새가 떨구고 간 / 피울음 한 방울에도 //
　　세상은 온통 불난리 / 초토焦土가 된 마을 //

타다 만 사내 심장心臟이 / 잿더미 속에 식고 있다.
―「촬영撮影 5」 전문

　인용한 시조들은 김 시인이 엮어놓은 제3부 중에서 무작위로 뽑아본 것이다. 이 시조들의 공통점은 일체의 논리와 비유를 거부하고 철저히 대상을 배제한 채 자유분방한 이미지의 연상으로 독자들로 하여금 무한한 상상의 나래를 펼치게 한다는 것이다. 「마음에 한 점」이나 「쇠북 또는 방생」은 대상이 아니라 '오브제'로, 작가의 의도와 주제를 전달하려는 매개체는 아니다. '하늘에 한 점을 찍었기' 때문에 '붉은 물이 확 번지는' 결과가 나온 것이 아니라, 초장의 전구와 후구를 색다른 이미지로 조합함으로써 새로운 느낌을 일으키려 한다. 이런 점에서 김 시인의 시조는 무의미 시에 가깝다.
　종래의 시조가 주제 전달을 중시하는 의미의 시조라면, '무의미 시조'란 이미지를 서술적으로 사용하여 대상을 잃게 하고, 대상을 무화한 결과 무한 자유를 얻게 되는 시조를 말한다. 인용된 시조 「촬영 5」에서 보듯이, '새의 피울음'과 '불난 리 난 세상', '타다 만 사내 심장' 하나하나를 제거하면, 결국 자유스런 상상의 상태에 이르게 된다. 곧 무엇인가 의미를 덮어씌울 그런 대상이 없어진 만큼 구속의 굴레를 벗어날 수 있게 된다. 서로 다른 이미지의 연상의 파동을 통해 독자는 비로소 아찔한 자유와 만나는 기쁨을 얻게 된다.

김 시인의 또 다른 작품 「촬영 4」에서는 언어와 이미지가 실체로서 인식되는 과정을 선명히 보여준다.

　　바다를 건너온 새 / 한쪽 날개를 잃었다 //

　　깊숙이 하늘을 날다 / 남은 한쪽도 잃었다 //

　　구천九天을 떠돌던 영혼 / 이젠, 점點이 되어 날고 있다.
　　　―「촬영撮影 4」 전문

의미론적으로 보면 '새'의 날개는 생명 유지의 필수 불가결한 수단이다. '날개를 잃는다'는 것은 새의 죽음을 뜻한다. 그 결과 영혼만 남은 새가 점點으로 낙인 되어 아직도 날아가고 있다. 이때 '바다'와 '하늘'은 새의 비행―곧 자유를 제한하는 모든 시공時空을 상징하게 된다. 새의 죽음은 구속과 시련의 현실 공간―생명의 시·공간―을 벗어나 비로소 영원불멸의 자유를 얻는다. 일견 그럴듯한 해석 같지만, 자세히 보면 '한쪽 날개를 가진 새'와 '두 날개를 잃은 새', 그리고 '영혼처럼 점이 되어 날고 있는 새'가 모두 '같은 새'이다. 단지 원근과 보는 각도에 따라 언어와 이미지는 변한다. 따라서 초장의 바다를 건너온 새는 변함없이 날고 있는데 '한쪽 날개를 잃었다', '남은 한쪽도 잃었다'라는 의미의 허상에 빠지면 실상을 잃어버리게 된다. 이런 점에서 언어와 이미지는 분명 실체를 지니고 우리의 삶에 직간접적으로 영향을 끼친다. 이 점에서 김 시인은 일찌감치 의미의 시조가 주는 권태와 구속의 권속에서 벗어나 한 마리 새처럼 무한 자유의 공간을 남보다 먼저 날아오른 셈이다. 이질적 이미지의 직조織造로 의미를 해체하기도 하고, 언어와 이미지를 전면에 내세워 굴곡과 변화를 유도해 상상의 공간을 무한하게 확장하는 것이 그의 장기長技이지만, 때로는 서로 다른 단편적 이미지의 결합을 통해 통일된 주제를 표출하기도 한다.

울 애기 잠든 머리맡 / 개발새발 써놓은 글을 //
나직나직 읊조리다 / 삼매三昧에 든 귀뚜라미 //
세상을 소리 하나로 / 이리 평정平靜하다니…….
—「촬영撮影 2」 전문

'애기가 개발새발 써놓은 글'과 '깊어가는 가을밤 내내 나직나직 읊조리는 귀뚜라미'라는 서로 다른 이미지를 결합시킴으로써 시각과 청각이 어우러지게 하고, 어우러진 애기의 사연과 귀뚜라미 소리가 상승·반복하게 함으로써 순수하고 평화로운 가을밤 정취는 최상의 상태에 이른다.

4

 전술한 제2부가 틀에 박힌 전통적 기법들을 벗어나려 하는 시인의 몸부림이라면, 제3부는 시인을 에워싸고 있는 문명과 사회, 나아가 문화 및 존재에 관한 보다 뚜렷한 견해의 피력이다. 제3부 시편들의 공통적 화두는 '거품'으로 시인의 인생관과 세계관이 고스란히 녹아 있다. '거품'이란 화두를 통해서 시인이 독자에게 전달하려고 하는 것은 무엇인가? '거품'이란 단어가 주는 뉘앙스는 다양하다. 과대 포장, 허위, 허상, 무의미, 권태, 분노, 비대, 상승, 허망, 왜곡, 부도덕, 기만, 무상 등등. '거품'을 부정하고 비판한다는 것은 곧 '거품이 말끔히 제거된 세상'을 갈망하는 시인의 속내를 드러냄이다. 즉, 진실과 인간다움에 대한 그리움이 그만큼 간절함을 의미한다.

> 문명의 고운 언약 / 이 강물에 질펀하다 //
> 잔 속을 게워 넘치는 / 사랑의 묘약妙藥처럼 //
> 부풀어 이내 터지는 / 저 허명虛名의 흰 꽃잎들. //
> 하구河口로 쏟아져 나온 / 물방울의 슬픈 연대連帶 //
> 그 작은 입자로도 / 신전神殿을 드나들었던 //
> 한때의 부풀었던 꿈이 / 바람 앞에 떠 있구나.
> —「거품 2」 전문

물방울 수레바퀴로 / 너를 갈아엎으리라 //

향긋한 녹물에 취해 / 내 비록 혼절昏絶한다 해도 //

은밀한 너의 살의殺意를 / 백일하白日下에 드러내리니…….
―「거품 3―어느 공장 하수구에서」 전문

 인용 시 「거품 2」와 「거품 3」을 보면, 시인의 문명에 대한 부정적 입장이 분명하다. 21세기 과학 문명은 물질과 정신의 풍요를 늘 달콤하게 속삭이지만, 현대사회는 오히려 이전보다 못한 불안과 공포의 시대로 인간을 몰아넣었고, 그에 따라 현대인이 체감하는 행복 지수는 문명의 발전과 반비례하여 나날이 낮아져 왔다. 만인의 행복을 슬로건처럼 내걸었던 과학 문명은 그들이 세운 도시라는 '신전神殿'을 거쳐 허명虛名의 정체를 드러내고 최후를 맞이하기 위해 지금 엉켜 있다. 하구에 둥둥 떠다니는 이 거품의 실체를 보며, 현대인이 추구하던 이상이 한낱 우주적 질서에 소멸하고 말 잠시 나타난 신기루에 지나지 않는다고 시인은 예언한다. 현대 문명의 허상을 목격한 시인은 그것을 단순하게 부정하는 소극적 태도를 벗어나 반문명의 기치를 치켜들기에 이른다. 「거품 3」의 초·중장에서 보여주는 현대 문명과의 대결 의식은 단호하면서 사뭇 엄숙하다. 혼절할 정도로 향긋한 현대 문명이 아무도 몰래 조금씩 인간들의 목을 조여오는 시대 속에서 시인이

담당해야 할 몫이 이것 외에 또 무엇이 있겠는가. "넌, 그걸 물이라 하고 / 난, 애써 거품이라 했다 // 넌, 그게 생명이라지만 / 아니, 난 헛것이라 했다 // 팽팽한 이 긴장 속으로 / 한 폭 강이 흐르는구나." 인용한 「거품 4」에서는 옹호론자와 비판론자의 대립이 언젠가는 우주적 질서로 상징된 '흐르는 한 폭 강'에 의해 평정되고 제압될 것임을 시사示唆하는데, 여기서도 시인은 넌지시 문명의 종말을 예언한다.

'거품'으로 상징된 시인의 인생관은 때때로 생활인의 옷을 입고 등장한다. 「거품 7」과 「거품 8」은 친근한 어조로 독자를 시인 가까이 끌어당기는 매력이 있다. 제2부에서 보여주는 이미지의 신선함을 그대로 유지하면서 시인의 고뇌하는 얼굴을 직접 대면할 수 있는 기회를 제공한다.

허깨비다, 꿈속이다 / 부정도 해보았지만 //
세상은 내 신부의 / 면사포 행렬인 걸 //
오늘도 외면 못 하고 / 내가 안고 뒹굴고 있네.
―「거품 7」 전문

온종일 너무 헤펐다 / 헛말만 흩날렸다 //
지친 몸 쓰러져 / 잠자리에 드는 날은 //
꿈에도 거품 뿜으며 / 게걸음을 치겠구나.

―「거품 8」 전문

「거품 7」에서는 인간의 굴레에서 벗어나지 못하고 거품 낀 세상과 타협하며 살아가는 소시민으로서의 고뇌를 지관止觀하고 있고, 「거품 8」에서는 해가 지도록 망언妄言 망발妄發에 지친 자화상을 '거품 뿜는 게'로 비유하여 자학적 어조로 정관靜觀한다. 세상살이가 한바탕 허깨비 꿈인 줄 어느 누가 모르랴만, 아무도 신부의 면사포를 놓으려 들지 않고 수만 번 뒹굴고도 모자라 다시 안고 뒹구는 게 우리네 삶이 아닌가. 이런 시인의 진솔한 이야기는 가식과 허위라는 가면을 벗어던지면서 더욱 가깝고 진실한 인간으로 독자와 소통한다.

"날 사랑하느냐?" / 정색하며 묻는 말에 //
"그렇다! 그렇다!"고 / 스스럼없이 대답했다 //
내뱉고 다시는 입맛 / 왠지 참 떫은맛이다. //
당의糖衣를 입힌 약은 / 먹을 땐 달콤하다 //
이때도록 뱉은 말의 / 덧칠을 벗겨내면 //
알맹인 무척 쓰겠지. / 얼굴 확 달아오를 테지.
―「거품 17」 전문

시작 행위는 시인이 자신의 껍질을 까고 스스로 실체를 내

보이는 진실한 작업이다. 자신의 내면에 숨어 있는 또 다른 얼굴을 정직한 언어로 드러낼 때 가장 훌륭한 시가 된다. 그런 의미에서 제대로 된 시는 시인의 정체를 밝히는 작업인 셈이다. 그러나 대부분의 시인들은 시적 진실을 말해야 함에도 불구하고 침묵과 가식적인 언어로 자신을 치장하는 데 바쁘다. 사랑의 약속 또한 언어기호의 불완전·불연속성으로 말미암아 끝없이 지속되기 어렵다. 가변하는 우주적 질서에 몸과 마음을 의지하여 살면서도 영원히 고정된 사실처럼 변함없는 '사랑'을 고백하고, 또 그 약속이 거짓인 줄 알면서도 스스럼없이 진실로 받아들인다. '사랑한다'는 진행형의 약속은 찰나적·순간적 진실은 될지 모르지만 지속성은 애초부터 기대하기 어렵다. 왜냐하면 사람들은 대부분의 시간이 일상에 매몰되어 지속적인 사랑을 할 틈이 없기 때문이다. 「거품 17」에서는 허위와 가식, 위선적인 시인의 이중성을 고백하고 본래적 자아 회복을 시도한다. '떫은맛'을 감지하는 모습과 '얼굴 확 달아오를 테지'에서 보여주는 자기 객관화의 경지는 양심 있는 시인의 실체이자 실존적 존재 그 자체인 것이다. 이 점이 김용태 시인이 여타의 시인과 구별되는 점이다.

거침없는 말의 거품 / 꽃보다 더 화려한 변신 //
입에서 꽃을 피우는 / 마술에 넋을 잃었다가 //

꽃 지고, 거품 갈앉으니 / 보이네, / 아름다운 사람…….
―「거품 29」 전문

조금 더, 조금만 더 / 그걸 좀 더 빠르게 //

그릇에다 부어봐라 / 물이든지, 술이든지 //

'한 눈금', '조금 더'란 게 / 결국은 거품인 것을. //

조금 더 적게 부어 / 빈 만큼 여유롭게 //

느리게, 좀 느리게 / 아쉬운 듯 웃음 주며 //

그 거품, 이쯤서 보니 / 하염없는 꽃인 것을.
―「거품 30」 전문

 사람은 태어나서 죽을 때까지 변함없이 실체 없는 말을 붙들고 변신과 변절의 마술을 부리다가 결국 꽃이 지듯 갈앉는 거품이 되어 사라지는 무상한 존재다. 시인은 인간 존재에 대한 사랑과 연민의 정을 섬뜩하리만큼 냉철하게 통찰하여, '거품'으로 삶을 영위하는 인간계를 향하여 간단間斷없는 메시지를 띄우고 있다.

 「거품 29」가 모순과 허위에 찬 인간들에게 보내는 구원의 메시지라면 「거품 30」은 시공時空에 관한 인간의 지나친 탐욕에 대한 경고의 메시지로 볼 수 있다. '거품'이란 부정적 가치가 긍정적 가치로 변화하기 위해선 인간의 '빈 만큼 여유롭게' 사는 지혜와 '아쉬운 듯 웃음 주는' 실천적 행동이 수반되어야 하고, 그럴 때 비로소 우리 세계의 '거품'이 '하염없는 꽃'으로 가득 피어날 수 있다는 실천적 해법도 동시에 제시하고 있다.

5

 전술한 제3부가 사변思辨과 명상冥想의 골짜기에 피어난 꽃들이라면, 제4부의 시편들은 언어철학의 언덕에 피어오르는 꽃 대궁에 비유할 수 있다. '시는 언어예술이다'라는 평범한 명제는 언어의 본질과 한계에 대한 인식에서 출발한다. 언어의 마술사로 불리는 시인의 고뇌는 무엇일까? 언어는 사물의 존재를 드러내는 유일한 수단이지만, 언어가 지니는 제약성과 한계성 및 불완전성 때문에 언어로 표현되기 이전의 대상을 당연히 인간에게 인식시킬 수 없으므로 그 자체는 미지의 어둠일 뿐이다. 도에 대해 논하면서 '도를 도라고 하는 것은 도가 아니다道可道非常道'라고 지적한 노자의 말은 언어로 명명할 수 없는 도의 본질을 밝히는 동시에 언어가 가지고 있는 필연적인 결함에 대해 간파하고 있었음을 말하며, 이는 오늘의 시인들이 갖는 언어의 한계에 대한 인식과 맥을 같이한다. 이런 언어가 갖는 한계의 벽을 뛰어넘으려는 용감한 노작 활동이 김용태 시인의 작품에서 엿보인다.

봄눈 녹는 내 의식의 / 양지바른 연못 하나 //

생각의 잎을 치고, / 기억의 가지를 친다 //

그 물결 사라진 빈터 / 낚싯줄을 드리워본다. //

시간이 끊어진 바다 / 그 닿을 수 없는 심층深層 //

몇 발의 실을 풀어야 / 자유의 닻에 닿으랴 //

몇 겹의 고요를 더 견뎌야 / 터지는 전율戰慄을 보랴.
―「고요 낚시」 전문

  김용태 시인이 물결 잔잔한 낚시터에서 낚으려 한 실체는 무엇인가.「고요 낚시」 첫 수의 중장에서는 그가 추구하려는 목표물이 무엇인가를 어렴풋하게나마 암시한다. '생각'과 '기억'의 '가지치기'는 둘째 수 중장에서 밝힌 '자유의 닻'이 '심층深層'에 닿을 수 없도록 방해하는 인간의 모든 경험과 교육, 사고思考며, 또한 이들을 관념적으로 집합시킨 '언어'로 압축할 수 있다. 이런 언어의 한계성을 자각한 시인은 지금 '봄눈 녹는 양지바른 연못'가에 앉아 '무한 자유'라는 미지의 물고기를 잡기 위해 언어 아닌 '언어의 실'을 혼신의 힘으로 풀고 있다. 일찍이 경험해보지 못한 그 세계는 그가 알고 있는 언어로 닿을 수 없음을 알면서도 '자유의 전율'을 위해 자신을 담금질하며 고뇌하고 있는 것이다.

눈빛을 맑게 뜨면 도로 어둠 속에 묻혀가고
감으면 어둠의 심층深層, 섬광閃光으로 깨어나는
그 무슨 역리逆理의 돌이 지금 눈앞에 있다.

가까이엔 사뭇 바람, 그대 말씀은 귀에 멀다
더듬는 손길 앞에 문득 끊기는 시간의 벼랑
입 열면 얼붙어버리는 돌이 하나 서 있다.
—「빙하기氷河期의 돌」 전문

앞서 말한 「고요 낚시」가 초언어超言語를 이용해 언어 현상의 울타리를 타고 넘어 진정한 존재의 만남을 통한 무한 자유의 획득을 위한 시인의 애달픈 노력을 노래한 시조라면, 「빙하기의 돌」은 언어 현상의 구속성을 한층 더 구체화하기에 이른다. 언어의 여러 특징 중 하나가 창조성이지만, 아이러니하게도 존재의 실체를 드러내는 데는 불완전하다. 사물로서의 '돌'은 언어 이전에 존재해왔으므로 우리가 의식 속에서 파악하는 '돌'은 본래적 존재로서의 '돌'과는 전혀 다른 '사물'로 포착될 뿐이다. 감각기관을 통과한 사물(돌)은 의식 속에서 변형되고 굴절된 존재의 허상이기에, 우리가 '눈빛을 맑게 뜨고' '입을 열수록' 존재(빙하기의 돌)는 제 모습을 감추어버린다. 이를 역설적으로 해석하면 '너'와 '나'의 존재 인식이 그만큼 어려우며 언어적 표현을 할 때 '너'와 '나'는 참 모습을 잃어버리게 됨을 의미한다. 결국 「빙하기의 돌」은 시인이 자신의 존재를 제대로 드러내기 위한 욕망 구현의 어려움을 토로한 것인 셈이다.

 새 세계에 대한 시인의 갈망은 무섭도록 집요하다. 시작詩作에 임하는 그의 태도와 한계를 초월하려는 갈망의 크기를 잘 보여주는 작품이 「득음」이며, 인간적 사유의 결과물인 '말〔언어〕'을 버림으로써 완전한 자유에 이르는 과정을 읊은 시조가 「휴지를 던지며」이다.

  시업詩業의 첫걸음은 / 그야 말 고르는 일 //
  다 닳아 해진 말밭 / 기웃기웃 뒤져보며 //
  생금生金빛 꽃으로 필 말 / 보챈 듯이 찾는 일. //
  채로 쳐 걸렀다고 / 그게 다 보석 되나 //
  눈먼 돌에 정釘 먹이기 / 대패질로 속살 깎기 //
  그 어느 신운神韻을 얻어 / 춤이 되는 그날까지. //
  한 낱말 한 구절이 / 한 목숨 사르는 일 //
  마침내 불가마 속 / 꿰미 져 나오는 날 //
  천지도, 귀신도 곡哭할 / 그런 음音을 얻는 거지.
  ―「득음得音」 전문

무심코 던져버린 몇 장의 휴지 조각이
손끝을 빠져나간 그 떨림의 무게만큼
내가 선 마음자리를 물무늬로 흔들어.

뜨거운 삶의 언덕 연실처럼 풀리다가
때로는 가지 끝에 헝클리기도 하던 생각
이 밤엔 몇 장 휴지로 실려 가는 강물이다.

더러는 말문 닫고 버티어보다가도
인생은 무덤 앞에서도 침묵에서 비켜서기
다시 또 등피燈皮를 닦고, 새 보법步法을 생각는다.

저기 봐 휘황한 불빛, 칼날 끝에 스러지는
불을 끄면 일어서는 한 채 고요한 수면水面
잡음雜音도 티끌마저도 걸러 피는 꽃 좀 보게나.
―「휴지休紙를 던지며」 전문

 김 시인이 '생금生金빛' 시어詩語를 '채로 걸러 정釘을 먹이고 대패질한' 수많은 작품 가운데 굳이 「득음」을 선택한 이유는, '제대로 된 시조는 어떤 경로를 거쳐야 하는가' 하는 의문에 관해 필자 스스로의 교훈으로 삼고자 함이고, 또 한

편 김 시인의 창작관을 쉽게 엿볼 수 있는 탁견卓見이 자연스레 배어 나온 까닭이기도 하다. 그의 어느 시조가 '원석原石을 사르는 불가마를 꿰미 져 신운神韻'을 얻지 않았으랴만, 특히 「휴지를 던지며」는 긴장과 이완, 갈등과 화해, 침묵과 도전, 소멸과 생성이라는 내면 골짜기가 한 폭의 그림처럼 펼쳐진다. '휴지'를 던지는 행위는 '휴지' 속에 담긴 세계를 차버리는 행위로 미련과 아쉬움이 물무늬 져 밀려오고, 사념의 강물을 뒤척이며 때로는 국외자局外者로 묵언默言타가도, 응전應戰 의지를 굴기屈起시켜 마침내 갈등과 긴장의 숲을 빠져나와 그가 꿈꾸던 자유의 언덕에서 한 떨기 찬란한 '꽃'으로 발돋움하여 서 있는 것이다.

6

제1부에서 제4부까지 보듯, 김 시인의 시풍詩風은 다분히 사색적이고 명상적이며 형이상학적이다. 그렇기 때문에 그의 작품은 손쉽게 접근하기가 어려운 것 또한 사실이다. 서정성이 짙은 시조에 익숙한 대개의 독자들은 지성적 깊이와 특이한 이미지에 주눅 들어 그의 진정한 가치를 알아차리지 못하는 경우가 많다. 게다가 그의 시조는 여러 관점 중 하나를 선택하여 적용해야만 제대로 이해할 수 있는 특징을 지녔다. 때로는 사회학을, 어떤 경우에는 선불교를, 존재론과 언어철학

을, 그리고 인생론에 이르기까지 다양한 소양을 갖추어야만 그가 차린 만찬을 즐길 수 있는 자리에 앉을 수 있다. 하지만 제5부에서는 그런 철학적인 깊이를 배제한 채, 그의 건강한 민족애와 나라 사랑의 마음을 소박하게 담고 있는가 하면, 민초民草의 삶에 대한 애정, 문명의 역기능에 대한 안타까움과 비판, 독재에 응전應戰하는 소시민의 아픔 등을 상징과 비유로 환기시키고 있다.

> 흰옷이 일어서려면 / 땡볕의 모진 채찍질, //
> 동짓달 긴긴 다듬이질 / 가슴팍에 받아야 한다 //
> 마지막 숯불 담금질 / 등줄기로 받아야 한다. //
> 무릎뼈가 부서지면 / 무릎뼈로 버티는 아픔! //
> 진흙 발을 땅에 묻어야 / 설 수 있는 풀잎의 아픔! //
> 그것은 우리 모두의 / 차마 아프지도 않은 아픔! //
> 내 것을 내던져야만 / 너를 세울 수 있고 //
> 호사豪奢를 다 사르어야 / 흰빛이 터져 나오는 법 //
> 참으로 얻기 위해선 / 모두를 잃어야 하는 아픔!
> ―「흰옷이 일어서려면」 전문

인용한 시조의 첫 수는 흰옷의 완성을 위해 고난과 시련의 역사를 수용해야 함을 당위적 진술로 밝히고 있다. 둘째 수에서는 우리 겨레의 끈질긴 생명력과 강인함을 반복과 영탄을 통해 강조했으며, 마지막 수에서는 한민족의 찬란한 미래 역사를 위해 자신의 모든 것을 희생하겠다는 다짐으로 마무리하고 있다. 옛 여인이 한 벌 흰옷을 완성해가는 과정을 따라 겨레의 번영을 염원하는 시인의 마음도 나란히 앉아 다듬이질하고 있는 것이다.

> 백성들이 앓는 밤은 / 바람도 흐느낀다 //
> 이따금씩 터져 나온 / 외마디 신음 소리가 //
> 어둔 방 돌고 돌다가 / 문풍지를 울린다. //
> 달빛도 찾아와선 / 차마 말을 못 붙이고 //
> 밤새 추위에 떨던 / 추녀 밑 고무신 위에 //
> 언 가슴 어루만지듯 / 은가루만 뿌리고 간다.
> —「백성百姓의 밤 2」 전문

「흰옷이 일어서려면」이 민족의 미래에 대한 시인의 소박한 염원을 진솔하게 표출하고 있다면, 「백성의 밤 2」는 위정자의 위선과 폭정으로 고통받는 하층민의 생활상을 빼어난 감각적 표현으로 구상화하고 있다. 초·중장의 '흐느끼는 바람'과 '외마디 신음 소리'를 종장의 '문풍지를 울린다'로 통합하여 민중들의 고초苦楚를 한껏 고조시킨 기법이라든지, '말을 못 붙이는 달빛'이 '추위에 떨던 고무신 위에 은가루만 뿌리고 간다'는 감각적 이미지는 단순한 심미적 감동을 넘어, 소외받는 하층민을 안쓰러워하는 시인의 마음이 한결 차분하게 밀려들어 무언지 모를 애틋함에 우리를 한없이 젖어들게 한다.

7

김용태 시인은 시조의 형식을 뛰어넘어 존재의 본질을 탐색하고, 나아가 무한 자유의 세계에 도달하고자 하는 불굴의 의지를 지닌 시인이다. 남들이 3장 6구의 시조라는 틀에 얽매여 전전긍긍할 때 홀연히 나타나 현대시조가 가야 할 방향성을 제시하고 스스로가 전위적 위치에 서서 자신만의 독특한 창법으로 감히 아무도 모방할 수 없는 독자적이고 개성적인 작품을 출산했다. 고정관념에 사로잡힌 시조관時調觀에 일정한 거리를 두고 모험과 변화를 끊임없이 도모한 실험 정신에 충실한 작가는 그리 흔치 않다. 대저 창조 정신이란 무엇인가. 답습과 모방을 깨고 새로운 것으로 나아가려는 정신 그 자체가 아닌가. 이 점에서 김용태 시인은 창조 정신이 충일한 한국의 몇 안 되는 작가군에 속한다고 하겠다.

그의 시조에 부분적으로 나타나는 형식의 파괴는 시조가 정형의 틀에만 갇혀 있는 문학이 아님을 이르는 것이고, 언어와 존재의 관계를 집요하게 노래한 것도 시조가 새로워져야 함을 말하는 것이다. 지성을 앞세워 서로 다른 이미지의 충돌로 야기되는 무한 자유의 세계에 대한 안내에 심혈을 기울인 점도 보통의 시조시인의 작품에서 보기 힘들다. 이 같은 노력들은 모두 김 시인이 허무한 현상계現象界를 초월하여 무한한 자유를 누리고자 하는 개인적 취향에 따른 것이기도 하겠지만, 시조에 담긴 정신이 살아 움직여야 제대로 된 시조임을 확인시켜주는 계기가 될 것이다. 그의 지성적 관찰과 철학적 사유를 곁들인 명상적 시조들은 서정성에 경도傾度된 오늘의 시조단에 큰 반향을 일으키리라 여기며, 30여 년의 시혼이 살아 있는 수수편편首首篇篇을 맨 처음 감상하는 즐거움을 선사한 김용태 시인에게 진심으로 감사드린다.

거품에 대한 명상

초판 1쇄   2012년 4월 2일
지은이   김용태
펴낸이   김영재
펴낸곳   책만드는집

주소   서울 마포구 합정동 428-49번지 4층 (121-887)
전화   3142-1585·6
팩스   336-8908
전자우편   chaekjip@naver.com
출판등록   1994년 1월 13일 제10-927호
ⓒ 김용태, 2012

* 이 책의 전부 또는 일부 내용을 재사용하려면 사전에 저작권자와 책만드는집의 동의를 받아야 합니다.
* 잘못 만들어진 책은 구입하신 서점에서 교환해드립니다.

ISBN   978-89-7944-387-5 (04810)
ISBN   978-89-7944-354-7 (세트)